Angelika Trümper

Volle Breitseite voraus!

Über die Schieflagen des Lebens

Notizen 1980-2020

Weitere Titel der Autorin:

Kohlsuppe und Kaviar
   (Gereimtes und ungereimtes Leben)
ISBN 978–3–8423–3267–6

Bürger, Bosse, Bonmots
   (Spruch-reifes aus Politik und Alltag)
ISBN 97837 32261857

Kaleidoskop
   (Des Lebens bunte Vielfalt)
ISBN 97837 34730771

Ist das Politik oder kann das weg?
ISBN 9783752806168

Zeit – Stücke
   (Ein Weihnachtsmärchen für das ganze Jahr)
ISBN 9783741 281488

Tierische Hausgenossen
ISBN 9783837007879

Mit Gott - Vertrauen durch das Jahr
ISBN 9788744809894

Über die Autorin

Angelika Trümper, aufgewachsen in Hamburg, wurde in den 1970er Jahren einerseits durch den linken Terror, andererseits durch die Flower-Power-Bewegung geprägt. Seither verfolgt sie die skurrilen Entwicklungen in der Politik und im alltäglichen Leben und engagiert sie sich im Tier- und Umweltschutz.

Angelika Trümper

Volle Breitseite voraus!

Über die Schieflagen des Lebens

Notizen 1980-2020

Bibliografische Information der Deutschen Nationalbibliothek:
Die Deutsche Nationalbibliothek verzeichnet diese Publikation
in der Deutschen Nationalbibliografie: detaillierte
bibliografische Daten sind im Internet über http://dnb.dnb.de
abrufbar.

Impressum
© 2021, Angelika Trümper
Herstellung und Verlag:
BoD – Books on Demand, Norderstedt
ISBN 9783755741411
Fotos: A. Trümper
Illustration:A.Trümper,A.- K. Rathjens

Inhaltsverzeichnis

Vorwort

Wie „die Zeit läuft" (Kap. 9) ist mir schmerzlich aufgefallen bei der Auswahl meiner Sprüche und Gedichte für ein neues Buch. Die ersten entstanden tatsächlich bereits vor 45 (!) Jahren.
Wenn so ein Jubiläum kein Grund ist, die besten aus dieser Zeit noch einmal aufzugreifen!
Erschreckend für mich bei der Rückschau war: die ältesten sind aus dem Kapitel „Umwelt".
Ich schrieb sie, als wir Schüler und Studenten in den 1970/80er Jahren gegen das Verpesten der Luft, das Baumsterben, das Vergiften der Fische und am Meer lebenden Tiere, (Ölpest), demonstrierten.
Leider wurden wir jungen Leute von den Politikern damals nicht ernst genommen.
Den FfF–Mitgliedern wünsche ich mehr Glück!

Was vor 40, 30, 20 und noch vor 10 Jahren auch kein Thema in der Politik war, ist das Gendern (s. o.). So erklärt sich, dass dies in vielen meiner Sprüche, die in der Zeit entstanden sind, nicht stattfindet. Um sie original zu erhalten, werde ich es auch nicht ändern.
Leider nützt es eh nichts, wenn diese (neuen?) Erkenntnisse auf dem Papier geändert werden, aber das Umdenken in den Köpfen noch in den Kinderschuhen steckt.

Auf ein Neues!

Das Jahr geht zu Ende, und jemand fragt an,
ob ich nicht dazu ein Gedicht schreiben kann.
Doch was soll ich reimen über diese Welt,
in der der Mensch alles auf den Kopf stellt?

Schreiben müsst ich über Kriege und Flucht,
Korruption und Verschwendung, Hunger, Rachsucht...
Was nützt es zu dichten, seid lieb und gut,
während die Welt schwelt von Hass und Wut,
von Neid und Habgier und Machtgelüsten?
Als ob wir`s nicht lange schon besser wüssten!

Wann werden wir lernen, wozu wir gemacht,
so wie sich`s der Schöpfer einst ausgedacht:
die Erde zu pflegen, die Liebe zu leben!
Warum hat Er uns wohl Verstand gegeben?

Wir rühmen uns, klüger als Tiere zu sein,
doch der Preis in Zerstörung gebührt uns allein!
Kein Tier wär so töricht, den Lebensraum,
der es nährt, zu vergiften und abzubaun.
„Krone der Schöpfung" zu sein, klingt nicht schlecht!
Wann werden wir diesem Titel gerecht?

Das Jahr geht zu Ende, ein neues beginnt.
Wir sollten es schützen – wie ein neugebornes Kind.

Ist das Politik?

Yes, we can!

Jawoll!

We should!

Gell!?

But – who ?

Bis zum Mars fliegen

können wir ja nun.

Bestimmt wird es jetzt auch

nicht mehr lange dauern,

bis unsere Politiker

Zeit und Gelegenheit finden,

sich mal mit den Problemen

vor ihrer Haustür zu befassen.

Vor zwanzig Jahren lebten wir in Hamburg

und kamen nun zurück, um uns die vielen

Veränderungen anzusehen:

den Freihafen gibt es nicht mehr,

Teile der alten Speicherstadt sind verkauft und

dafür neue „architektonische Wunderwerke"

entstanden.

Auf der Rückfahrt im Auto sage ich gerade

etwas wehmütig:

„Es ist eben nichts von Dauer,"

als mein Mann abrupt auf die Bremse tritt.

Doch! Eine Konstante gibt es:

den Stau vor dem Elbtunnel...

Da staunt der Laie

Verkehrsnachrichten im Radio
Anfang September:
„Einrichtung einer Baustelle auf der A 7
vor dem Hamburger Elbtunnel,
bei der die Fahrbahnen von drei
auf eine Spur verengt wurden.

Verursacher des 30 km langen Staus
sind die Autofahrer,
vorwiegend durch
die vielen Rückreisenden
am letzten Ferienwochenende...“

Der Geduldsfaden

muss manchmal

dicker sein

als eine Schiffstrosse.

Politik ist wie das Wetter:

mal so, mal so. . .

Man weiß nie genau, was auf einen zukommt.

Mit unserer Parteienlandschaft

  ist es seit Jahren genauso

wie mit dem Fernsehprogramm.

Egal, was man wählt:

      Hauen und Stechen,

      Fantasy

        oder

      von anno dunnemals.

Viele unserer Politiker sind Juristen.
Da fragt man sich,
warum so viele schwammige, undurchsichtige
und nach allen Seiten dehnbare Gesetze
erlassen werden.
Oder ist genau dies die Ursache dafür?

Andererseits versprechen diese Gesetze
natürlich auch gute Extraeinnahmen,
wenn sie den Juristen später scharenweise
verunsicherte Bürger in die
„nebenbei" betriebenen Praxen treiben.

Das Beste an der deutschen Grammatik für

Politiker/innen ist der Konjunktiv.

Großartige Idee, jetzt Frauen und Männer
zumindest in der Anrede gleichzustellen. So heißt es
u.a. nicht mehr Studenten, sondern Studierende.
Die Umsetzung birgt aber doch Tücken,
wenn z. B. der Moderator im Fernsehen den
Experten fragt: „Wo kann denn jetzt *der*
Studierende *seine* Hilfe beantragen?", oder
ein Professor von Fahrradfahrenden und
Fußgängern spricht. Fußgängernde hört sich aber
auch echt schräg an. Wahrscheinlich besser:
Zufußgehende.
Und sind wir für Ärzt/innen nun Zuverarztende?
Spricht sich vielleicht tatsächlich besser aus, als
Patient/innen . . .

„Es mobilisiert, es motiviert!" antwortete Ministerin Klöckner am 05.11.18 in den Tagesthemen zur Frage, wer nach Frau Dr. Merkel den Parteivorsitz der CDU übernehmen wird.
Dass es so ein Ereignis braucht, wieder alles zu geben, erinnert an einige hochbezahlte Spitzenfußballspieler, denen für entscheidende Spiele ein Motivationstrainer an die Seite gestellt wird . . .

Was hätten unsere Politiker ihrem Volk

nicht schon alles sagen können,

wenn ihnen in den Talk-Shows

nicht so viel Zeit verloren ginge,

während sie sich gegenseitig

beschuldigen,

sich durch zu lange Redezeiten

die Zeit zu stehlen.

Der Hausstaub ist wahrscheinlich

das einzige Übel,

das sich noch schneller multipliziert

als die Staatsverschuldung.

Fällt dies auch unter die Optimierung des Haushalts?

In Deutschland in der Nacht passiert:

Einbrecher im Haus.

Man wählt panisch den Polizeinotruf 110

und hört – eine Bandansage!!!

„Bitte warten sie.

Der nächste abkömmliche Beamte wird sich

ihres Falles annehmen.

Bitte warten sie...“

Paradox

Einbrecher, deren Ziel es ist,

andere um ihren Verdienst zu bringen,

verhelfen der ganzen Branche

der Einbruchsicherung

zu Höchstverdiensten.

Diskussion über Millionenzahlungen für

Bankmanager im Gegensatz zur

Erhöhung der Hartz IV – Bezüge

um 5,00 €.

Ein Teilnehmer ereifert sich:

„Das ist eben der *Kannibalismus*!

Äh – nein, der Kapitalismus!"

Die Katze beißt sich in den Schwanz!

Die Bevölkerungsdichte steigt,
immer mehr ältere Menschen sind
zu verwalten, zu versorgen und zu pflegen.

Die immens steigenden Kosten,
die dies verursacht,
decken wir blitzgescheit durch
Streichung von Arbeitskräften,
Arbeitszeit - und damit
menschenwürdigen Lebensbedingungen
für alle Betroffenen.

Im Gegensatz zum Menschen
hat die Katze allerdings sieben Leben. . .

Welch ärgerlich vertane Zeit!

Nachdem durch Forschung, Medizin

und Aufklärung der Bürger/innen

über gesunde Lebensweise

die durchschnittliche Lebenserwartung

auf über 80 Jahre gesteigert wurde,

müssen nun die Bürger/innen

davon überzeugt werden,

im Interesse der nicht zu verantwortenden

steigenden Staatsverschuldung

hiervon keinen Gebrauch zu machen...

„Alpdruck"

Geld regiert die Welt?

Ich dachte Menschen...

Die Dauer der Tarifverhandlungen

bei der Bahn drängt die Verantwortlichen

nicht zu schnellerem Vorankommen.

Sie sind Verspätungen halt gewohnt.

Früher waren wir stolz

auf unser Wirtschaftswunderland.

Heute können wir uns nur

noch über das Wirtschaften

unserer Politiker/innen und

Wirtschaftsbosse wundern...

Auch dieser halbherzige Versuch der

Gleichbehandlung von Mann und Frau

ist wieder nicht geglückt.

Selbst wenn wir jetzt sagen:

Politiker/innen, Moderator/innen,

Mitarbeiter/innen etc.

stehen die Frauen weiterhin

an zweiter Stelle. . .

In Deutschland Anfang 2000

einen Arbeitsplatz zu finden,

ist doch wirklich kein Problem.

Die gängigen Anforderungen:

nicht älter als 25 Jahre,

langjährige Berufserfahrung,

Studium mit Auslandsaufenthalt

und Garantie auf Gesundheit

während der Dauer des Arbeitsvertrages

sollten mit etwas Einsatz und Kreativität

doch wohl für jedermann und -frau

zu erfüllen sein.

Schade, dass nicht,

wie von den Politikern versprochen,

die Arbeitslosenquote halbiert,

sondern stattdessen

die Anzahl der Konkurse

verdoppelt wurde.

Gentests ermöglichen neuerdings, festzustellen,
wie hoch die Veranlagung
zur Entwicklung von Erbkrankheiten
beim einzelnen Menschen ist.

Dies soll auf Chipkarten festgehalten werden.

Um Arbeitgeber/innen die Auswahl zu erleichtern,
sollten wir danach die Menschen,
 wie andere Handelsware auch,
nach Ge- und Verbrauchsnutzen
gleich in Güteklassen A, B, C usw.
(eventuell inklusive Mindesthaltbarkeitsdatum)
einteilen.

**Wer die Verhältnismäßigkeit der Mittel abwägt,
stößt immer wieder auf die Mittelmäßigkeit der
Verhältnisse.**

Die Politik hat begriffen! Frauen werden zu Beginn des 21. Jahrhunderts nicht mehr diskriminiert, sondern das /in oder /innen wird, wo immer es geht, (bzw. wenn (M)man(n) daran denkt), an die Bezeichnung angehängt und extra für sie entstehen neue Wortschöpfungen, wie z. B. „Mitarbeitende."

Bei so viel Wohlwollen sind diese peanuts, nach denen immer noch gejammert wird,
wie die Aufhebung von Leichtlohngruppen, besserer Kündigungsschutz, Einrichtung von Betriebskindergärten, höhere Anrechnung der Kindererziehungszeiten etc. pp. ja wohl längstens mit abgegolten.

Kein Witz

Einige Wochen nach der Geburt des 3. Kindes
findet die Ehefrau einen Zettel:
‚Mir wird das hier alles zu viel. Macht´s gut!´

Sie zieht die 3 Kinder allein auf,
rackert sich ab mit Erziehung, Hausarbeit und
Nebenjobs, bis das älteste 12 Jahre alt ist
und bei der Betreuung der Kleineren helfen kann.

Dann geht sie zum Arbeitsamt, in der Hoffnung,
einen Job zu finden, der ihr und den Kindern
endlich etwas mehr Lebensqualität verschafft.

Arbeit bekommt sie nicht,
nur die unfassbare Frage des „Beraters"
nimmt sie mit nach Hause:
„Wenn Sie 12 Jahre lang nicht gearbeitet haben,
warum wollen Sie denn jetzt plötzlich damit
anfangen?"

Eine der letzten Talk-Shows

zu den Themen Hartz IV und

Langzeitarbeitslosigkeit bei Älteren

machte deutlich,

dass viele Politiker/innen sich in

der Geschichte besser auskennen

als in der Realität,

denn sie meinen:

wenn die Leute kein Brot haben,

sollen sie doch Kuchen essen!

Die Therapie unserer Regierung

gegen Langzeitarbeitslosigkeit

sind die Maßnahmen der

Agentur für Arbeit.

Wahrscheinlich glauben die Politiker

auch an Wunderheiler.

Entwarnung!

Bei unserem heute angesagten Lebensstil,

geprägt durch Mobbing, Stress,

Lärm- und Reizüberflutung,

Koma-Saufen und Fast Food-Ernährung,

löst sich das Rentenproblem für die

nächsten Generationen ganz von allein...

Es bewegt immer wieder sehr,
wenn man in den Nachrichten
mit ansehen oder -hören muss,
wie Vorstandsmitglieder von Banken
oder Großkonzernen
nach Pleiten um ihre Boni trauern.
Man kann sie verstehen.
Hier und da ´ne Million weniger –
das ist wirklich nicht auszuhalten!

Wie gut haben es dagegen
die sogenannten „kleinen Leute",
die von solchen Problemen verschont bleiben!
Um einige 100 000 € können ihre
knapp vierstelligen Gehälter
ja gar nicht gekürzt werden,
und die Frage, wie sie alle paar Jahre
mit ca. 3 bis 4% mehr im Portemonnaie fertig
werden, ist auch relativ schnell gelöst.

Ein Jugendlicher fragt in einer Diskussionsrunde,
wieso jemand in einer Legislaturperiode
Familien– und in der nächsten
Verteidigungsminister/in sein kann.
Antwort: „Warum nicht? Von der Sache
müssen sie doch keine Ahnung haben.
Sie sollen ja nur Politik machen!"

Im Namen des Volkes?

Wer es sich leisten kann, für
20 Mio. € die Steuern zu hinterziehen,
büßt dafür mit 3 Jahren Gefängnis.

Wer vergisst, einige hunderttausend Euro Steuern
abzuführen, erfährt höchste Anerkennung
für die Aufrichtigkeit, dies anzuzeigen.

Wer nichts hat, außer einem Lohn,
der knapp über der Armutsgrenze liegt
und einen vergessenen Pfandbon
an sich nimmt, verliert für diese Unaufrichtigkeit
seinen Arbeitsplatz.
Was sollte er sonst auch geben?

Der Justitia hatte man
aus Gründen der Gleichbehandlung
die Augen verbunden.
Manche heutige Richter/innen aber
scheinen tatsächlich
mit Blindheit geschlagen zu sein...

Mir fällt gerade auf,
dass ich noch gar nichts
über Behördenwillkür
geschrieben habe.

Liegt es vielleicht daran,
dass manches, was da passiert,
einfach unbeschreiblich ist?

Jedes 3. Kind im Jahr 2012 in Deutschland

ist ein Opfer von Cyber–Mobbing.

Die Vorstellung, dass 2/3 der Erwachsenen,

die in 20 Jahren in führenden Positionen in

Politik und Wirtschaft arbeiten,

entweder die traumatisierten Opfer

oder die gewissenlosen Täter

dieser hinterhältigen Attacken sind, ist

erschreckend.

**Glücklicherweise hat dieser Schrecken aber
vielleicht schon bald (2o21!) ein Ende!
Nachdem immer mehr Politiker/innen,
(im Gegensatz zu Kindern gestandene
Persönlichkeiten), selbst Opfer werden,
wird ernsthaft über Ahndung dieser Übeltaten
nachgedacht!**

Kalt ge - presst

Mal wieder lähmt das Sommerloch.
Woher jetzt Stories kriegen?
Reichen nicht ein paar Lügen?
Leser sind leicht zu betrügen.
Und glauben das Gedruckte doch.

Die Ideen werden knapp.
In der glühenden Hitze
rauchen die ratlosen Köpfe.
Hoffnungsvoll zählt man die Knöpfe
an den Oberhemden ab.

Politiker- oder Bürgerschelte?
Egal, wen wir denunzieren!
Nicht erst lange recherchieren,
später kann man revidieren.

So beginnt soziale Kälte.

Sorry, die 1. Strophe muss auch revidiert werden,
denn sie ist missverständlich. Also neu:

Nur auf keinen Fall lügen!
Man will ja nicht betrügen!
Am Ende glaubt es eine/r noch.

Die Arroganz mancher Journalist/innen
lässt sich wohl auch damit erklären,
dass sie glauben, – gottgleich –
Menschen „töten" und wieder
„auferstehen lassen" zu können.

Haltung unterliegt oft der Mode.
Leider gilt das für die geistige genauso
wie für die körperliche.

Zu schade,

dass es heute

so viele Fremdwörter

in unserer Sprache gibt,

die niemand mehr versteht –

wie zum Beispiel

Menschlichkeit,

Uneigennutz,

Güte.

Uns ist es endlich gelungen,

aus dem schon angeschlagenen

theatrum mundi

ein Kasperletheater zu machen.

Warum bloß werden

für Hunderttausende

von Euros Gruselfilme

gedreht?

Sehen wir uns doch

die Wirklichkeit an.

Wolkenkuckucksheim

Die Reden vieler

hoher Politiker weltweit

klingen so realitätsfern, dass man denkt,

sie lebten abgeschirmt vom bürgerlichen Alltag

hinter einer Glaswand.

Vielleicht ist das aber auch die Kristallkugel,

in die sie sehen, um sich die Weisheiten

für ihr Vorgehen zu holen.

Die Tat-Kräftigeren würfeln z. Zt.

auch gern wieder mit Knochen.

So weit sind wir ~~ge~~ verkommen?

Kommentar eines Politikers im Fernsehen:
"Das Attentat in Feuerland mit 2 Toten
gehört 2017 zur europäischen Normalität."

Na, dann ist ja alles geklärt.

Alle Menschen wollen in Frieden leben.

Nur nicht ausgerechnet mit ihrem

Nachbarn.

Weihnachten 1990
            (Mauerfall und Golfkrieg)
das ist Frieden,
Freude,
Kaviar;
        Deutschland ohne Mauer,
        Umbruch,
        Abrüstung;

Umarmungen ohne Abschiedswehmut,
Kaufrausch,
Wohlstand,
Übersättigung.

Weihnachten 1990
das ist Besetzung,
Einberufung,
Angst;
        Größenwahn,
        Irrglaube,
        Fanatismus;

Kinder ohne Väter,
Menschen auf der Flucht,
Hunger.

Das sind Gedanken, eingebettet in
Tannengrün und Lichterglanz,
des Bundespräsidenten Weihnachtsansprache,
Glaube und Aberglaube,
Illusionen und George Bush's Ent-täuschung.

Ostern 2004

das ist Unzufriedenheit,
Geiz,
Habgier;
     Deutschland braucht eine Mauer,
     Umbruch,
     Aufrüstung von ganz rechts und ganz unten;

Umarmungen nicht ohne Hintergedanken,
Kaufrausch,
Protzerei,
Übersättigung.

Ostern 2004
das ist Besetzung,
Einberufung,
Angst;
     Größenwahn,
     Irrglaube,
     Fanatismus;

Kinder ohne Väter,
Menschen auf der Flucht,
Hunger.

Das sind Gedanken, eingebettet in
Lammbraten und Osterfeuer,
des Papstes Segen urbi et orbi,
Glaube und Aberglaube,
Illusionen und George W. Bush's Ent-täuschung.

Lernen wir wirklich nie dazu?

Wie gut,

dass zweifelsfrei feststeht,

dass der Mensch

das höchste Lebewesen

auf Erden ist.

Das enthebt ihn

aller Bemühungen,

dieses Titels

gerecht zu werden.

Weder die weiteste Entfernung
noch die dichteste Grenze
sind so unüberwindlich,
wie es die Mauer sein kann
zwischen zwei Menschen,
die sich Auge in Auge
gegenüberstehen.

Die Karten werden wieder neu gemischt.

Ober sticht Unter,
für Macht, Besitz und Sieg
lohnt sich der höchste Einsatz.

Denn selbst im 21. Jahrhundert verbieten
alle festgeschriebenen Erkenntnisse über
Moral, Ethik und Menschenrechte
den Politikern noch nicht,
um Menschenleben zu pokern.

Nicht nur ein verbotenes –
ein teuflisches Spiel.

Man hätte versuchen sollen,

den Verstand zu kultivieren

und nicht die Umgangsformen.

Rest In Peace

„Gebet für den Frieden,"
hat man lang nicht gehört.
„Die Waffen nieder!"
Wen das noch aufstört?
„Schwerter zu Pflugscharen,"
von dem alten Spruch
aus Großmutters Bibel
ham wir lange genug.

Wer will das noch hören?
Wen geht es was an?
Tut nicht schon ein jeder,
was immer er kann?

Politiker tagen
bei Tag und bei Nacht.
Beschlüsse sind mit
heißer Nadel gemacht
oder im Halbschlaf,
mit Jetlag und Burn—
out in den Knochen
und hinter der Stirn.

$\Longrightarrow$

Der Bürger hält still,
hat längst resigniert.
Er kann ja nicht ändern,
was „oben" passiert.

Selbst „make peace, not war"
hat sich überlebt.
Wer kennt noch das Wort
Solidarität?
Wo sind die –zigtausend,
die stolz ohne Waffen
marschieren gehen,
um Frieden zu schaffen?

Menschen lassen ihr Leben
für die Habgier und Macht
irrsinniger Despoten.
Schlaf weiter, Welt. – Gut Nacht!

Paradox:
mit (Waffen–)Gewalt für den Frieden zu
demonstrieren.

„Cogito, ergo sum."

Ich denke, also bin ich.

(Descartes)

Schade, dass diese Aussage nicht auch
in umgekehrter Reihenfolge
eine logische Schlussfolgerung ergibt.

Zum Jubiläum

(2011 wie 2021)

20 ~~10~~ Jahre Krieg in Afghanistan,

20 ~~10~~ Jahre gefallene Soldaten,

20 ~~10~~ Jahre ergebnislose Diskussionen,

ob dieser Einsatz sinnvoll ist,

20 ~~10~~ Jahre lang mit dem Leben

junger Menschen gespielt,

20 ~~10~~ Jahre lang Leben zerstört =

7300 ~~3650~~ sinnlos vertane Tage!

In Affenherden gibt es

Zank und Streit,

Revier- und Machtkämpfe,

Mord und Totschlag,

sogar Kindesentführung.

Wie wohltuend hebt sich

die menschliche Rasse,

die ihre Probleme durch

Beherrschung und Einsatz

von Verstand und Sprache löst,

von diesen primitiven Lebewesen ab.

Der Irrtum

Jetzt marschieren sie wieder!
Schaut es euch an!
Es ist nicht vorbei.
Es ist niemals vorbei.

Jetzt skandieren sie wieder!
Hört es nicht an!
Die alte Leier,
immer der gleiche Brei.

Wieder wehen die Fahnen,
wieder fassen sie Tritt.
Lasst euch doch nicht verarschen!
Und macht einfach nicht mit.

Ein Offizier erklärt begeistert im Fernsehen,

dass die Luftaufklärung

mit modernsten Digitalaufnahmen arbeitet:

„Menschen kann man als Menschen erkennen!"

Brauchen wir tatsächlich modernste Technik,

um uns gegenseitig als Menschen zu erkennen?

Alles um uns herum

haben wir Menschen

von Anbeginn an weiterentwickelt.

Nur nicht uns selbst.

Aufgeschnappt:

Ich fürchte, man darf nicht mehr alles sagen, was man denkt . . .

Was?? Das darfst du aber so nicht sagen!!!

Warum
sind wir immer noch
Ossis und Wessis,
Weiße, Schwarze,
Emigranten, Immigranten?
Warum sind wir nicht
alle einfach Menschen?

Hecken, Zäune und Grenzen
sind schlechte Erfindungen.
Sie verleiten uns nur dazu,
alles, was dahinter beginnt,
mit Argwohn zu beäugen.

Sapperlot! [1)]

Wir sitzen alle in einem Boot,

wir leben alle vom täglich´ Brot,

wir fürchten alle Schmerz, Leid und Not,

und doch schlagen Menschen Menschen tot,

färbt unser Blut Meer und Erde rot,

schert uns nicht unseres Nachbarn Not,

nicht, dass Millionen Verhungern droht,

nennen wir „Mensch" uns, nicht „Idiot". [2)]

[1)] lt. Duden: Ausruf des Unwillens oder Erstaunens

[2)] Idiot (griech.): Dummkopf

Bedrückend,

dass wir

neben Wörtern wie

„Unglück“, „unfrei“,

„Unheil“...

auch die Vokabel

„Unmensch“

schaffen mussten.

Ohne Worte...

Fernsehansage:
Den Film über verhungernde Kinder
in vielen Teilen der Welt
können Sie bei uns schon
heute Abend sehen!
Um 23:15 Uhr –,
gleich nach der Champions League.

Freiheit, Gleichheit, Brüderlichkeit,
fraternité, egalité, humanité,
peace, freedom, liberty...

Viele Länder schmücken ihre Denkmäler
mit diesen großen Worten.
Aber wer interessiert sich heutzutage
noch für Denkmäler?

Das mutierende

Gesundheitswesen

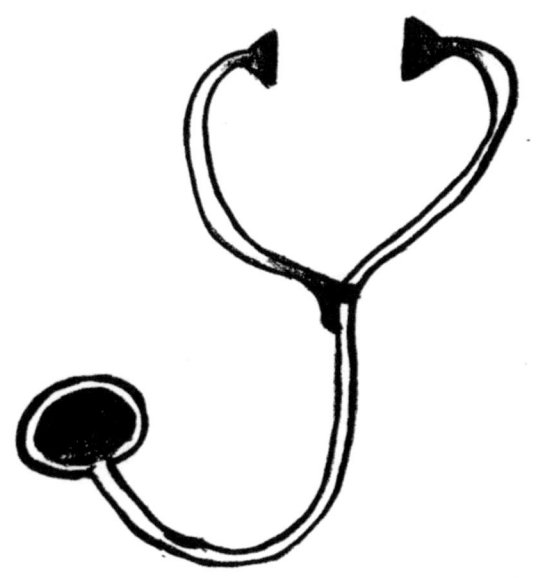

Zum Thema Krankheit
haben manche Menschen
leider
kein gesundes Verhältnis.

Es gibt zwei Komponenten,
die untrennbar zusammen gehören:

1) Körper, Geist und Seele
2) die Liebe.

So wie Ärzte wenig Erfolg haben werden,
wenn sie nur lieblos eine wunde Stelle
behandeln, aber dabei 90% des Körpers
gedanklich mit einem OP–Tuch bedecken,
müssen wir alle die Liebe zu uns selbst,
unseren Mitmenschen und der Natur
wiederentdecken und pflegen,
wenn wir uns und unsere Umwelt
gesund erhalten wollen.

A. D. 2020 ade!

Vom neuen Jahr, man glaubt es kaum,
ist bald ein Viertel schon vorbei!
Kaum fliegt die Weihnachtsdeko raus,
hängt schon das erste Osterei.
Die Zeit läuft schnell, wir laufen mit,
denn „Zeit ist Geld" heißt jeder Schritt!
Doch manchmal keimt in mir die Angst,
wir kommen aus dem Tritt. . .

Diese Zeilen schrieb ich Anfang März,
als die Welt am Turm zu Babel baute,
zu beschäftigt, um die dunkle Wolke zu sehn,
die sich drohend zusammenbraute.
Ich fand sie wieder in einer Septembernacht.
Unverhofft sind sie wahr geworden.
Das nächste Halbjahr hat uns gebracht,
was wir nie, niemals sehen wollten.

Jetzt müssen wir tragen, was wir verbockt,
als wir glaubten, es gäbe kein Halten,
und wir klugen Menschen könnten, wie`s uns beliebt,
nach Herzenslust schalten und walten.
Doch nun wurden uns unsre Grenzen gezeigt.
Ein Winzling deckt auf, wer wir sind.
Wir haben wieder auf Sand gebaut,
und der Turm verweht im Wind.

Am Ende dieses Jahres — das ist allen klar,
wird die Welt nicht mehr so sein, wie sie einmal war.

Hoffentlich beginnt wirklich bald das neue Jahr.
Nicht etwa, dass das Schicksal uns in eine
Zeitschleife geschickt hat,
in der wir das Jahr 2020 so lange wiedererleben,
bis auf der ganzen Welt Frieden unter den
Menschen und mit der Natur herrscht. . .

Wie die Zeiten sich ändern! Früher hieß die
Erinnerungsstütze vorm Rausgehen:
Hut, Stock, Schirm, Brille, Gesangbuch.
Heute: Maske, Handschuhe, Desinfektionsspray,
Abstand . . .

Formulare, Formulare,
von der Wiege bis zur Bahre...
Selten war dieser Spruch in Deutschland so sinnreich
wie jetzt zur Zeit des Impfdesasters.

Dezember 2020   (im lockdown)

Dass ich sowas mal denke, hätt ich nie gedacht:
Ich wünsch mir einen Alptraum heut Nacht!

――`Corona―Viren, sie lachen uns aus,
teilen, vermehren sich . . . Es ist ein Graus!
Sie tanzen und amüsieren sich:
„Wir haben euch dumme Menschen im Griff!
Wir sind im Krieg, bringen Krankheit und Not
und eure fragile Welt aus dem Lot.
Weiter so, weiter! Wir sind an der Macht!"
Doch langsam weicht neuem Tag diese Nacht.
Es war nur ein Alptraum; die Sonne geht auf,
das echte Leben nimmt wieder den Lauf,
so wie es ohne das Virus war. . . `――

Aber Träume sind Schäume und eines wird klar:
wir hatten vergessen, wie schön unsre Welt,
wenn sich nichts und niemand gegen sie stellt.
Nun sitzen wir hier mit verträumtem Blick
und wünschen uns das alte Leben zurück.
Ach, wär`s doch so unbeschwert, wie s vorher war!
Erinnerung vergoldet – ganz sonderbar. . .

Aufgeschnappt

„Alle reden nur noch von Corona!
Man möchte doch auch mal wieder was anderes
hören! Wir sind nur noch mit dem Überleben
beschäftigt. Das wird uns noch alle umbringen!"

Das Sprichwort:
`weil nicht sein kann, was nicht sein darf,`
möchten wir mitunter gern umschreiben in:
`weil nicht sein darf, was wir nicht wollen.` . .

Paradox

Die Kostenexplosion
in unserem Gesundheitswesen
entsteht u. a. durch die vielen neuen
Untersuchungsmethoden und Operationen,
die den Gewinn erwirtschaften sollen,
um kostendeckend arbeiten zu können.

Durch die verschärften Hygienevorschriften
sind in den letzten Jahren
auf staatliche Anordnung
viele jahrzehntelang
bestehende Schlachtereien
zur Aufgabe gezwungen worden.
Man wollte krankheitserregende
Keime eindämmen.

Schlechter Zeitpunkt:
Dank der Privatisierung
sind die nun in Krankenhäusern.

„Aufschwung nach unten"

I - Teenie Eltern,
nicht auf das Leben vorbereitet,
überfordert, alleingelassen
in unserer Spaßgesellschaft.

- Alleinerziehende Mütter,
zerrissen zwischen
Gewissens-und Geldnöten,
Kita-Plätze garantiert
auf geduldigem Papier,
im Sozialhilfenetz aufgehängt
statt aufgefangen.

- Babys in Plastiktüten,
Kinder hinter verschlossenen Türen:
verwahrlost, verhungert.

Wie konnte es nur passieren?

II - Alte Menschen in Käfig-Betten,
Demente unter Psychopharmaka,
bettlägerige Senioren
mit unheilbaren Wunden
an Körper und Seele.

\-   Einsparung von hunderten engagierter
ehrenamtlicher Helfer
zum Wohle der zu Betreuenden.
Gleichzeitiger Einstellungsstopp
von Fachpersonal und Einführung des
Zeittaktes von 3x8 Minuten täglich
zur Pflege und Betreuung eines Menschen.

Was passiert da nur?

III -   Pflegenotstand in Krankenhäusern.
Völlig überlastetes und unterbezahltes
Personal kündigt in Scharen,
um eigenen Erkrankungen vorzubeugen.
Ärzte absolvieren zwei bis drei Schichten
hintereinander,
aufstrebender medizinischer Nachwuchs
zieht die Arbeit im Ausland vor.

Darf so etwas passieren?

Bedenken unsere gut betuchten
1. Klasse-Minister,
dass sie bei weiterer Missachtung
dieser Zustände
nicht nur mit dem Über-Leben
der Kliniken spielen?

(2012!)

Selten werden Krankheiten so
allgemeinverständlich
betitelt wie ADS =
Aufmerksamkeitsdefizitsyndrom.
Warum tun wir uns also so schwer damit
zu begreifen,
dass wir dieses Defizit nur durch
die Gabe von
        Aufmerksamkeit, Zuwendung und Zeit,
anstatt
        Beruhigungspillen und Computerspielen
ausgleichen können?

Wahrscheinlich, weil uns dieser Einsatz weit mehr
kosten würde...

Zeit zu haben, das ist wahrhaft
nicht mehr zeitgemäß...

Ärzt/innen (*genauso falsch, s. S. 86*) und Pflegende
gleichen dank politischer Verordnungen immer
mehr Verwaltungsbeamten. Statt mit der Pflege
der Patienten verbringen sie einen großen Teil ihrer
Arbeitszeit mit dem Einpflegen erhobener Daten in
ihren Computer. . .

Nachdem man erkannt hat,
dass in vielen natürlichen Heilkräutern,
die den Menschen jahrtausendelang
zu überleben halfen, Giftstoffe
oder andere suspekte Inhaltsstoffe enthalten sind,
die dem Menschen schaden könnten,
tauschen wir sie unserer Gesundheit zuliebe aus
durch chemische Produkte, deren
Nebenwirkungen und Risiken für den Menschen
ellenlange Beipackzettel füllen,
die – wohl aus gutem Grunde –
kein Laie versteht.

Zu Sinn und Unsinn dieser Entwicklung
fragen Sie bitte
Ihren gesunden Menschenverstand.

Der Doktortitel in der Medizin beinhaltet wohl das gesamte Paket geballten Wissens. Schade, dass das Paket bei einigen Doktor/innen (*gut gegendert?*) so überfüllt ist, dass für Kenntnisse über den freundlichen und respektvollen Umgang mit den Patient/innen kein Platz mehr ist. . .

In Fernsehberichten über Zoos sieht man immer wieder, mit wie viel Kreativität Tieren ihr Futter zubereitet wird, um es ihnen schmackhaft zu machen und sie so weit wie möglich zufrieden zu stellen. Wäre das nicht eine gute Anregung für den Umgang mit Menschen in manchen Krankenhäusern und Altersheimen?

Früher ging ich zu einigen Ärzten nicht so gern,
denn sie begutachteten die Patient/innen
gleich beim Eintreten mit so einem ernsten,
durchdringenden Blick. . .
Im Computer–Zeitalter hat sich dieses Problem
dahingehend verschoben, dass manche
Patient/innen sich wünschen, der Arzt möge den
Kopf nur mal kurz vom Bildschirm weg zu ihnen
hindrehen, damit er sie im nächsten
Behandlungsraum notfalls wiedererkennen
könnte. . .

Autoimmunkrankheiten, Allergien
und Hautprobleme nehmen rasant zu.
Die Schulmedizin hat ihnen wenig
entgegenzusetzen.

Angeblich kann auch niemand verhindern,
was wir seit langem wissen, nämlich,
dass unsere Lebensmittel und Körperpflegeprodukte
ohne Rücksicht
auf den Verbraucher
permanent vergiftet werden
durch Medikamentenrückstände,
chemische Zusätze wie Farbstoffe,
Geschmacksverstärker, Süßstoffe,
Mittel zum Verlängern der Haltbarkeit,
Plastikteilchen . . .,
und so wird auf Kosten unserer Gesundheit
fröhlich weiter produziert.

Gegen Geld- und Machtgier ist immer noch
kein Kraut gewachsen.
Denken die Politiker/innen und Lobbyist/innen
eigentlich daran, dass sie selbst
auch Verbraucher sind?

Das Fernsehen berichtet im Hamburg–Journal
über den Besuch des Bundespräsidenten.
Er besucht u. a. die Obdachlosenunterkunft
und isst dort zu Mittag.
„Heute gibt´s hier eine Spezialität!
Extra für den Bundespräsidenten!"

Genau **so** ist es.

Zurzeit werben einige Parteien mit der
Bürgerversicherung um Stimmen,
denn alle Menschen sollen gleich behandelt werden.

Wird es **so** sein?

Lustige Vorstellung,
mal an unserem Bundespräsidenten,
dem Gesundheitsminister oder anderen Promis
vorbeizulaufen, die dann – wie jeder andere –
auch auf einem kalten Krankenhausflur liegen
und auf eine Behandlung in einigen Stunden warten
müssen. Oder über die Medien zu hören, dass sie
wichtige Verhandlungen vertagen, weil sie
einen Arzt- oder OP-Termin – wie jeder andere –
erst in einigen Monaten bekommen.

Wer glaubt denn **so**was?

Doch mit Geld konnte und kann man immer alles
kaufen. Auch bestmögliche ärztliche Versorgung.

So wird es sein.

Chapeau!

Doch es gibt auch die Anderen,
die, nicht auf Ruhm und Geld versessen,
wie selbstverständlich Gutes tun.
Ihr Einsatz ist kaum zu ermessen.

Sie stehen nie im Rampenlicht
und werden daher leicht vergessen.
Wie oft haben wir daran gedacht,
ihnen ganz großen Dank auszusprechen?!

Sie helfen ohne Ansehen,
jedoch mit viel Herz und Verstand,
Menschen, die durch das Netz fallen
in unserm Wirtschaftswunderland.

Dafür muss man kein Loser sein,
denn niemand ist davor gefeit,
dass es im Leben anders kommt,
als man es sich einmal erträumt.

Hippokrates gilt heut nichts mehr.
Der alte Eid ist nicht mehr in.
Doch wer hilft, nur aus Menschlichkeit,
gibt seinen Worten wieder Sinn.

Burn out – wie wunderbar,

dass in Zeiten der Rezession

so ganz nebenbei

ein neuer Wirtschaftszweig

entstanden ist,

mit dem sich richtig viel Geld

verdienen lässt.

Es hat eben jedes Ding zwei Seiten.

Jetzt bekomme ich aber bald Mitleid mit unseren
Ärztinnen und Ärzten. Neudeutsch heißt es ja nicht
mehr „mitteilen", sondern Computer– und
Smartphoneuser „teilen" alles.
So auch laut Fernsehwerbung Krankheiten. Man
teilt mit seinem Arzt/seiner Ärztin die
Diabeteswerte oder die Rückenschmerzen. . .

Hoffentlich werden nun nicht zu viele Ärztinnen
und Ärzte arbeitsunfähig von den vielen
Krankheiten, die so auf ihnen abgeladen werden!

Wissenschaftler forschen, wie man den Alterungsprozess der Menschen spürbar hinauszögern und die Lebenszeit bis über 100 Jahre verlängern kann. Hoffentlich arrangieren sie es dann gleich so, dass der Mensch

mit 15 Jahren über die Lebenserfahrung eines 60jährigen verfügt,
mit 60 noch die körperliche Fitness eines 15jährigen hat,
mit 20 das berufliche Know–how eines 50jährigen einbringen kann,
mit 70 die physische und psychische Belastbarkeit eines 30jährigen besitzt,
mit 80 voller Vorfreude auf seinen Lebensabend blickt und
mit 110 Jahren in dankbarer Erinnerung ohne Krankheiten friedlich in die ewigen Jagdgründe hinüberdämmert.

Alles andere wäre doch nur halber Kram, oder?

Manche Menschen planen

ihre eigene Beerdigung

mit einer Akribie,

suchen nach dem komfortabelsten Sarg

und der wettergeschütztesten Grabstelle,

als fürchteten sie

angesichts des Todes

um Leib und Leben.

Umwelt

oder

„– und täglich grüßt der Pleitegeier!"

„Der lebt, als gäbe es kein Morgen!"

sagen wir schmunzelnd oder auch abfällig

über einige Zeitgenossen.

Doch ist nicht unsere Einstellung trügerisch,

arglos zu leben,

als g ä b e es ein Morgen?

Das ist

Beschleunigung par excellence :

nach 20 Millionen Jahren,

in denen Süßwasserdelphine existierten,

brauchte die Spezies Mensch

nur 60 Jahre, um sie

durch Verknappung ihres Lebensraumes

und Umweltverschmutzung

zugunsten der Technisierung

auszurotten.

Es lebe der Fortschritt!

(2010)

(1990) Text des Schildes:
                Gesperrt zum Schutz der Natur

Fortschritt   1976

Die Bäume sterben
einen langsamen, qualvollen Tod.
Wie gut, dass Menschen Gasmasken haben.

Die Fische sterben
einen langsamen, qualvollen Tod.
Ihr Pech, dass sie im Wasser leben müssen.

Die Erde stirbt
einen langsamen, qualvollen Tod.
Wie schön, dass wir den Schmerz nicht spüren.

Die Menschen sterben
einen langsamen, qualvollen Tod.
Na und? Es gibt doch Roboter.

Modernes Märchen

Millionen von Menschen und Tieren wurden durch die Strahlen der Atombombenexplosionen in Hiroshima und Nagasaki getötet.

„Wie wunderbar, diese Kraft!"

staunten die Menschen.

Die Faszination des Unbeherrschbaren ergriff wieder

einmal Wissenschaftler und Politiker in vielen

Ländern der Welt.

„Wir machen uns die Atomkraft untertan!" sagten

sie,

„denn wir haben sie schließlich erfunden!"

Begeistert bauten sich die Menschen im Angesicht

dieser Katastrophe Atomkraftwerke, gewiss,

dass diese fortan ihr Überleben sichern
würden.
Auch Sellafield, Tschernobyl, Harrisburg und
Fukushima
konnten ihnen diese Überzeugung nicht
rauben.

Sie glauben daran,
dass AKW Leben sichern,
so wie sie glauben,
dass Kriege Frieden bringen.

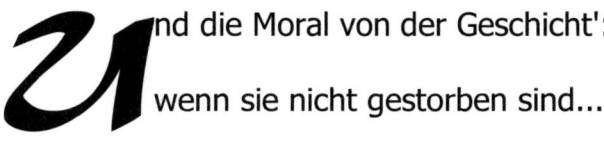nd die Moral von der Geschicht':
wenn sie nicht gestorben sind...

(2011)

Wir zündeln. – Das hat ja schon in der Kindheit
Spaß gemacht. Aber wir wussten, gerade stehen
dafür, wenn´s schief ging, mussten andere. Weder
Verantwortung noch Kosten scherten uns.
Wer zahlt die Zeche, wenn die Welt brennt?

(1984)

Der Mensch erfindet Dinge,

die er nicht verstehen,

nicht verantworten

und nicht beherrschen kann.

Wie weit muss

die Entwicklung der Vernunft

hinter der des Verstandes

zurückgeblieben sein.

(1976)

No Future?

Umwelt?
Weiß nicht.
Oder vielleicht...
Zerstörung.
Blinde Zerstörungswut.

Großstadt?
Weiß nicht.
Oder vielleicht...
Überflutung.
Licht-lärm-müll-überflutung.

Menschen?
Weiß nicht.
Oder vielleicht...
Wegwerfgesellschaft.
Wegwerfmenschgesellschaft.

Zukunft?
Weiß nicht.
Oder vielleicht...
Umkehren?
Nachdenken, begreifen, umkehren.

(1995)

Zeitungen melden,
dass Wissenschaftler endlich
die entscheidenden Unterschiede
zwischen Menschenaffen und Menschen
entdeckt haben,
deren Gene doch zu so hoher Prozentzahl
übereinstimmen:

den Affen fehlt
die Gabe der sozialen Nachahmung
und die Verfeinerung der Sprache.
Fazit: ohne die Hilfe von Menschen
werden sie in Kürze ausgestorben sein.

Netter Versuch,
von der Realität abzulenken,
dass den Affen
nichts zum Überleben fehlt,
außer dem, was wir Menschen
ihnen genommen haben.

PS. Das *einzige* Lebewesen,
das ohne die Hilfe von Menschen
nicht überleben kann,
ist der Mensch.

(2011)

Klimaschutz

Und wieder ein Klimagipfel
mit dem Bemühen,
das Abholzen von Regenwäldern
zu stoppen,
den CO_2 Ausstoß
zu verringern,
der Industrie,
den Betreibern von Kohlekraftwerken
und den Autofahrern
ein neues Bewusstsein für Umweltschutz
einzuimpfen...

Jeder weiß ja aus Beurteilungen, was
„er/sie hat sich stets bemüht", bedeutet.

Die Lobby ist stärker.

Pflanzenschutz

Die Gegner der permanenten Vergiftung
und Manipulation von Pflanzen,
die der Ernährung dienen,
bringen Politiker nicht dazu,
sich intensiver um andere Lösungswege
zu bemühen.

Jeder weiß ja aus Beurteilungen, was
„er/sie hat sich stets bemüht", bedeutet.

Die Lobby ist stärker.

Tierschutz

Seit wie vielen Jahren versuchen Tierfreunde,
auf die lebensunwürdige Haltung
von Masttieren sowie
die übermäßige Verabreichung von Arzneimitteln
an Tiere, die der Lebensmittelgewinnung dienen,
aufmerksam zu machen?
Seit wie vielen Jahren protestieren sie
gegen Versuche an lebenden Tieren?

Die kläglichen Bemühungen
der Politiker auf diesem Gebiet
bezahlen immer noch viele Tiere
mit dem vorzeitigen elenden Tod.

Jeder weiß ja aus Beurteilungen, was
„er/sie hat sich stets bemüht", bedeutet.

Die Lobby ist stärker.

Artenschutz

Seit langer Zeit
bemühen sich Menschen,
u. a. mit der Hilfe der EU,
um die Erhaltung der Tiervielfalt.

Das Ausrotten ganzer Arten
soll verhindert, Reservate
erhalten und erneuert werden.

Jeder weiß ja aus Beurteilungen, was
„er/sie hat sich stets bemüht", bedeutet.

Die Lobby ist stärker.

(2010)

Wir sitzen alle in einem Boot -
und haben nichts Besseres im Sinn,
als es zum Kentern zu bringen.

Der nächste Winter

kommt bestimmt.

Aber kommt auch noch

der nächste Frühling?

(1985)

Blauer Himmel

mit weißen Schönwetterwolken

grüne Blätter

am braunen Zweig

goldene Sonnenstrahlen

in bunter Wiese —

was brauchst du mehr?

(1987)

Es lebe der Fortschritt!

Da das Universum

leider immer noch nicht

uns allen zur Verfügung steht,

haben wir in Vertretung

schon mal unsere Daten

vorausgeschickt...

Steige am Hamburger Hauptbahnhof
aus dem Zug und gehe die Treppen
zur Mönckebergstraße hinauf.

Statt des lebendigen, bunten Treibens,
das ich dort erwartet hatte,
stehen die Menschen bewegungslos
und mit gesenkten Köpfen.

Was ist hier los?
Staatstrauer? Ein Attentat? –
Ach nein, sie sind alle nur
mit ihrem Smartphone
beschäftigt...

Der Siegeszug des Computers
und des Smartphones
durch die ganze Welt
liegt vielleicht darin begründet,
dass sie dem Menschen
uralte Machtgelüste erfüllen:
sie sind rund um die Uhr verfügbar
und führen Befehle unverzüglich aus.

Wer ständig an seinem Computer
oder Smartphone hängt,
muss sich nicht wundern,
wenn er immer unter Strom steht.

Ist das schnelle Übermitteln
von E-Mails wirklich
so beliebt, weil wir Zeit –

oder die mündliche Auseinandersetzung
mit einem lebendigen Gegenüber
sparen wollen?

Tempora mutantur

„Das ist Frauenarbeit!"
Etwas verächtlich schauten
noch vor kurzem viele Männer
auf die sogenannten „Tippsen" herab.

Im Computerzeitalter dürfen wir
aber nun erleben,
dass in beinahe jedem Mann
eine perfekte kleine
Schreibdame steckt...

Manche Ehefrau
würde sich freuen,
wenn ihr Mann sich ihr genauso
aufmerksam zuwenden würde
wie seinem
Smartphone.

Was früher „narzisstisch"
oder „exhibitionistisch" hieß,
nennt man heute
„social networks".

Es dauert nicht mehr lange,
bis wir es geschafft haben!

Die Computer und Roboter
haben alle unsere Arbeiten übernommen,
– ihre Metallhände streicheln schon
Senior/innen in den Altersheimen –,
Kaufhäuser und Fabriken arbeiten
ohne Angestellte,
und das Genialste:
Roboter geben Erlerntes
an die nächste Generation weiter.

Das heißt: wir brauchen uns nicht mehr!!
Der Mensch hat sich abgeschafft!
Einfach alles erledigt!
Fun-tastische Arbeit!

NB Kommentar eines Freundes:
„Die Umwelt wird es uns danken!"

Wert - Sachen

oder

was sind wir uns noch wert?

Wir beklagen

den Werteverfall

in Deutschland.

Als wenn Werte

ein Verfallsdatum hätten...

Schön wär's!

Dann läg's nicht an uns.

Was ist ein Menschenleben wert?

Für Rettungsmannschaften

bei Feuers-, Berg- und Seenot:

ihr Leben für das eines anderen.

Für Ärztinnen, Ärzte und Pflegepersonal:

oft Einsatz bis an die eigenen Grenzen.

Für manche Richter und Anwälte:

eine Denksportaufgabe.

Für die Medien im Katastrophenfall:

je mehr Tote, je mehr Quote.

Für die Verantwortlichen im Krieg:

ein Statistikstrich.

In jedem von uns

steckt ein „Ich" und ein „Es."

Schade, dass uns

nicht auch genetisch

das „du" und das „wir"

in die Wiege gelegt wurden!

Wenn uns dereinst

die Vernunft

mehr wert sein wird

als das Geld —

wie reich werden wir alle sein!

Früher hatten Kinder
eine Puppe, ein paar
Matchbox-Autos, Murmeln,
„Mensch ärgere dich nicht",
Wald, Wiesen,
freie Straßen und Plätze
zum Spielen und Herumtoben

und kein AD(H)S.

Früher hatten Erwachsene
kein Handy für ständige
Erreichbarkeit,
kein Smartphone,
kein Tablet für unterwegs,
keinen Computer

und kein Burn-out.

Vielleicht ist weniger doch mehr?

„Klassenziel verfehlt"
(Untergang der Werte in 4 Akten)

1.Volksschule 1960

Das „Geburtstagskind" wartet
nach der großen Pause,
bis es in die Klasse gerufen wird.
Die Mitschüler haben seinen Platz mit Blumen,
Süßigkeiten und einer Kerze geschmückt.
Die Lehrerin stimmt das Lied an:
„Viel Glück und viel Segen auf all deinen Wegen,
Gesundheit und **Frohsinn** sei auch mit dabei."

2.Grundschule 1980

Das „Geburtstagskind" kann kaum die Klasse
betreten, denn die Mitschüler reißen ihm
die Tüten mit Süßigkeiten,
die es ausgeben soll, aus der Hand.
Die Lehrerin stimmt das Lied an:
„Viel Glück und...
Gesundheit und **Wohlstand** sei auch mit dabei."

3.Hauptschule 2000

Zeitdruck und Probleme durch die
unterschiedlichen Nationalitäten lassen kaum
noch Platz zum Vermitteln und Erlernen eines
freundschaftlichen Miteinanders.
Gemeinsames Singen ist uncool.
MP3-Player sind auch
nicht mit Geburtstagsliedern gefüttert.

4.Gesamtschule 2005

Gefeiert werden nicht mehr Geburtstage,
sondern nur noch die Siege über die
Schwächeren, die sozial Benachteiligten,
die Clique einer anderen Nationalität.
Lehrer wie Schüler sind Einzelkämpfer auf
verlorenem Posten.
Einigkeit nur bei Eltern und Pädagogen:
Die Jugendlichen haben keine
Wertvorstellungen mehr...

Wie hilfreich sind doch

diese griffigen neudeutschen Wörter

wie „burn out" oder „mobbing".

Solange wir uns hinter ihnen

verstecken, brauchen

wir uns glücklicherweise

mit veralteten Vokabeln wie

„Respekt", „Anerkennung",

„Würde" und „Freundlichkeit"

nicht mehr auseinanderzusetzen.

Loslassen ist angesagt,

Ballast abwerfen, entrümpeln...

Das ist gut, solange man dabei

nicht sich selbst verliert.

Wellness

ist nicht

Mallorca,

mein Haus,

mein Rennpferd,

meine Yacht.

Wellness

ist die

kleine Blume am Wegesrand,

der Sonnenuntergang,

ein Lächeln,

jemandem etwas Gutes tun...

Wenn es nur

einen Menschen gibt,

den du liebst,

der an dich denkt

oder

dem du etwas Gutes tun kannst —

ich glaube,

dann lohnt es sich

zu leben.

Die Hobby-Ecke

Warm-up

Einen Bücherfreund

inmitten einer Bibliothek

durchfährt beim Anblick

dieser toten Materie

ein genauso wohlig-warmes Gefühl

wie einen Angler, der,

bis zu den Knien

in glitschig-kaltem Modder stehend,

einen Ruck an der Angel verspürt.

Der Gärtner erntet
im Schweiße seines Angesichts
das Obst aus seinem Garten.

Der Schriftsteller sitzt
unterm Schirm der Apfelbaumkrone,
beobachtet ihn
und schreibt darüber ein Gedicht.

Beide gehen ihrer Arbeit nach.

Ob der Gärtner das auch so sieht?

Welch wunderbares Geschenk

ist die Musik!

Sie verbindet Millionen —

Sprache oft nicht mal

zwei Menschen.

Ein Fußball-Fan meinte, es fehle
etwas über diesen schönen Sport
in meinem Buch. Das wäre auch 'mal
ein lustigeres Thema.
Wird gemacht!
Da hätten wir also aktuell
das Stadionverbot und die Strafen gegen
Vereine nach Krawallen und Brandstiftungen
sogenannter Fans;
den Bestechungsskandal bei
den Schiedsrichtern, laufende Meldungen
über burn out, Depressionen
und Suizidgedanken bei Spielern...
Ach nein, ich mach' lieber Schluss mit lustig!

Zum Jahresbeginn wollte ich mal wieder mit
Füller auf Papier einen schönen Brief schreiben.
Aber – „An die Mitglieder", das geht ja
heute nicht mehr!
An die Mitglieder/innen – geht auch nicht.
Ableiten von der Grundform? Das Mitglied.
Damit könnte ich jede/n Einzelne/n ansprechen.
Doch dürfte ich das?
Frauen wie Männer würden dann ja rechtlich
gesehen Sachen oder gar Tieren gleichgestellt?
Wie diskriminierend wäre das erst!

Nein, ich ließ das Schreiben lieber.
Keine guten Wünsche zum neuen Jahr zu erhalten
ist sicher leichter zu verkraften
als eine nicht dem Zeitgeist
entsprechende Anrede. . .

Die liebe Familie

Babys sind manchmal richtige Plagegeister.
Sie schreien, wenn Ruhe geboten wäre,
benehmen sich nicht wie angebracht,
wollen immer das,
was sie gerade nicht haben sollen,
können sich nicht verständlich ausdrücken,
hören oft nicht richtig zu.
Im Grunde benehmen sie sich also schon
wie Erwachsene...

Wer immer noch

der Annahme nachhängt,

„der Mensch ist von Natur aus gut",

hat noch nie

Krabbelkindern in der Sandkiste

zugeschaut.

Beim Beobachten eines Kleinkindes
konnte ich gerade mal wieder erleben,
was alles passieren kann,
wenn man sich Schuhe anzieht,
die ein paar Nummern zu groß sind...

Was man verstehen will,

muss man begreifen,

mit dem Verstand und

dem Gefühl be - greifen,

so wie kleine Kinder

alles be - greifen,

bevor sie es verstehen.

Ein Kind lacht,

wenn es sich freut.

Ein Kind weint,

wenn es traurig ist.

Ein Kind umarmt dich,

wenn es dir vertraut.

Wo kommen bloß

die Erwachsenen her?

Man sagt, Kinder spiegeln
die Erwachsenen.
Wahrscheinlich werden viele
schon geprägt
von dem Scherbenhaufen,
in den sie da sehen...

Bis heute gibt es Eltern,

die „das gute Benehmen"

in ihre Kinder hinein prügeln.

Carpe diem

„Du musst dich um deine Zukunft kümmern!"
„Streng dich an, damit aus dir etwas wird!"
„Du musst an später denken!"
Diese Sätze bläuen viele Eltern ihren
Sprösslingen ein, damit sie es im Leben
zu etwas bringen.

Verstehen können Kinder das nicht.
Sie leben im Hier und Jetzt,
junge Leute wollen ihre Tage auskosten
und jeden Moment genießen.

Manche treibt später aber doch
die Angst oder der Ehrgeiz.
Sie haben gelernt, dass sie besser
sein müssen als die anderen und powern,
– dank der modernen Technik auch Tag und Nacht –
bis sie mit 40 Jahren den ersten Burn-out
oder Herzinfarkt haben.

In der Reha-Klinik lernen sie dann mühevoll
unter teurer professioneller Anleitung,
was Philosophen vor tausenden von Jahren
erkannt haben:

Lebe im Hier und Jetzt!
Koste deine Zeit aus!
Genieße die schönen Momente!

Ein Entenpärchen verbringt einen

Vormittag dicht aneinandergeschmiegt

einträchtig schweigend am Seeufer.

Halten vielleicht manche Tierpartnerschaften

lebenslänglich, weil diese,

im Gegensatz zu den Menschen,

nicht alle Meinungsverschiedenheiten

bis zum Ende ausdiskutieren?

„Das bisschen Haushalt

macht sich von allein!"

sagte der Ehemann,

und darum braucht er

auch nicht zu helfen.

Woher kommt eigentlich

das Wort „Haus-arbeit",

wenn diese Tätigkeit

doch weder

als Arbeit angesehen

noch bezahlt wird?

Früher war die Familie

in der Küche versammelt;

heute Mikrowelle, Küchenmaschine,

Gefrierkombination und Toaster.

Zwei ehemalige Freundinnen

treffen sich nach Jahren wieder.

Die eine beklagt sich

über ihren Mann.

„Na ja, nach zwanzig

Jahren Ehe gibt's sicher einiges,

was einen wundert," sagt die andere.

„*30* Jahre sind wir verheiratet!"

„Und da wunderst Du Dich noch

über irgendetwas?"

Wieso wird „er"
mit seinem Bierbauch
immer noch
als stattlicher Mann betitelt,
während „ihre" Rettungsringe
nach einer Diät schreien?

Wieso sind seine
grauen Schläfen würdig,
während ihr silbernes Haar
nur verrät,
dass sie alt geworden ist?

Wieso zeugen seine Falten
von Erfahrung und Lebensweisheit,
während sie mit ihrem
Plissee im Gesicht
doch endlich zum Liften gehen sollte?

Wieso diskutieren wir eigentlich
bis heute über Gleichberechtigung?

„Zwist"

Lag's an dir

oder lag's am Bier?

Wenn's am Bier lag,

lag's an dir.

Warum heißt es eigentlich, wir streiten
„mit"–einander anstatt „gegen"–einander?
Soll diese Formulierung vielleicht eine vage
Hoffnung auf Verständigung signalisieren?

Zwischen -

Menschliches

Je-des-mal kommt mir
genau an der Stelle auf der Straße
ein anderes Auto entgegen,
an der ich ein Hindernis vor mir habe,
und ich denke: Warum muss das
je-des-mal so sein?

Nein, ganz bestimmt nicht jedes Mal.
Nur, wenn ich freie Fahrt habe,
beachte ich das gar nicht weiter.

Ob es in anderen Lebenssituationen
nicht genauso ist?

Wir sollten öfter

über den Tellerrand

hinaussehen –

aber nicht nur,

um zu gucken,

ob der Nachbar wohl

eine größere Portion

abbekommen hat.

Manche Kränkungen entstehen
nicht durch real niedere Taten,
sondern durch irreal hohe
Erwartungen.

**Auch ein Rechtshänder kann zwei
linke Hände haben. . .**

Paradox

„Sicher ist es so,. . .",
sagen wir immer dann,
wenn wir n i c h t sicher sind. . .

Gerüchte brauchen nur
über wenige Lippen zu gehen,
schon werden sie zur Wahrheit.

„Ach, das hab ich doch gar nicht so gemeint!"
beschwichtigen wir oft, wenn wir merken,
dass wir jemanden verletzt haben.
Wenn das stimmt, warum sagen wir dann
nicht gleich das, was wir eigentlich meinen?
Überragt die Freude am Sticheln doch die
Bedenken, sich hinterher vielleicht
entschuldigen zu müssen?

Die größte Ähnlichkeit
zwischen Hunden und Menschen
liegt vielleicht in den
Charaktereigenschaften.

In beiden Rassen gibt es sie,
die mit treuem Hundeblick
Beachtung und Streicheleinheiten
erflehen,
genauso wie andere,
denen es absolut scheißegal ist,
wem sie gerade ans Bein pinkeln...

Unverbesserlich?

Wir haben keinen Krieg erlebt —
nicht den, von andrer Hand gebracht,
und hab`n doch oft im Krieg gelebt:
wir haben ihn uns hausgemacht.

Nein, Frieden halten konnten wir
nicht, und auch ihn nicht schaffen.
Fern liegt`s der menschlichen Natur.
Wir greifen zu den Waffen.

Wir prügeln auf den andern ein
mit Worten oder Tritten
und legen gern auch noch mal nach,
bis er genug gelitten.

Misstrauen, Neid, Angst oder Wut
vergällen uns das Leben,
wenn wir nicht glauben, dass die Welt
zurück gibt, was wir geben.

So leben wir im Kriegszustand
in kostbar—rarer Friedenszeit.
Fehlt`s uns denn gänzlich an Verstand?
Wirklicher Friede ist noch weit. . .

Kein Wunder, dass es so schwer ist,
andere zu verstehen.
Viele Menschen verstehen ja
nicht einmal sich selbst.

Wenn man bedenkt, wie oft im Leben wir gute
Miene zum bösen Spiel machen,
müssten uns eigentlich viel öfter lächelnde
Menschen entgegenkommen.

Und wenn wir alle öfter in lächelnde Gesichter
schauten, hätte vielleicht das böse Spiel bald
keine guten Karten mehr. . .

Warum ich kein Perfektionist bin?

Weil im Leben doch immer

alles anders kommt. . .

Genieße die Vorfreude!

Sie ist der Spatz, den du in der Hand hältst.

Sweet Dreams

Hast du auch so traumhafte Ideen?
Von Träumen, die nicht im Wind verwehen?

Glaubst du auch noch an die Welt der Wunder?
Wunder, die geschehen wie Sommer und Winter?

Möchtest du auch an das Ende der Welt,
wo Sorge und Leid am Regenbogen zerschellt?

Dann träum ruhig weiter, du armer Wicht.
Das Leben zeigt dir ein andres Gesicht!

Wer glaubt, er wüsste,

wie er in Extremsituationen reagiert,

sollte sich auf Überraschungen

gefasst machen.

Nein, ich bin nicht auf Turkey,
und doch ist es eis - kalter Entzug,
dieses Loslassen müssen,
dieses immer wiederkehrende
Gefühl der Trauer
um den Verlust
    der Kindheit,
    der Geborgenheit,
    meines Apfelbaumes,
    der Blätter der Buchenhecke,
    der Eisblumen am Fenster,
    der toten Freunde,
    der begrabenen Freundschaften,
    einer vertanen Chance,
    der Leichtigkeit,
    der Gutgläubigkeit,
    des Vertrauens.

Der erste Eindruck

ist der bleibende?

Er wird nie bis in

das Innere eines Menschen

dringen.

Wohin?

„Orientierungslos", denke ich,
als ich eine ältere? alte? Frau
mit einem abgestoßenen Marktroller
langsam die Straße entlang tapern sehe.
Manchmal bleibt sie stehen –
ist sie krank oder weiß sie nicht, wohin?
Ihr leerer Blick schweift ohne Ziel umher.

Was bedeutet orientierungslos?
Dass die Richtung gleichgültig geworden ist,
dass man nicht mehr weiß, wohin man gehen soll,
weil man kein Heim – keine Heimat – keine
Beziehungen mehr hat?
„Kein Dach über´m Leben?" *)

Oder orientierungslos,
weil man sich in diesem seinem Leben
nicht (mehr) zurechtfindet,
die Spielregeln nicht versteht,
die Brutalität, die Gier, das Machtstreben,
das Ausbeuten und Unterdrücken des Gutmütigeren,
Schwächeren oder an unserer karriereorientierten
Wegwerfgesellschaft Kaputtgegangenen?

Oder orientierungslos
durch Krankheit, Demenz, Verwirrtheit,
die nicht wahr- oder ernstgenommen wird,
fehlender Hilfe, Verständnislosigkeit
und zerstörtem Vertrauen?

Wohin wird die Frau gehen?
Kann sie jemals ankommen
in unserer pseudo-sozialen Spaßgesellschaft?

*) Kein Dach über'm Leben. Werkkreis Literatur der Arbeitswelt
(Fischer TB)

Hinsehen -

Grauen
Entsetzen
Panik

Fassungslosigkeit
Hilflosigkeit
Angst

Gleichgültigkeit
Egoismus
Feigheit

Ignoranz
Intoleranz
Kälte

- lieber
wegsehen

Gute Freunde

erweisen sich

in der Not.

Um niemanden

zu kompromittieren

versuche,

möglichst nicht

in Not zu geraten.

In einem Psychologiebuch wurde

die Frage aufgeworfen:

warum verletzen wir gerade

die Menschen am meisten,

die wir lieben?

Ganz einfach: weil dort

die Trefferquote am höchsten ist,

wenn man mal ein schnelles

Erfolgserlebnis haben will.

Zukunft

Jahrelang wurdest du getrimmt,
und häufig hat es dich verstimmt:
dieses sollst du, jenes lassen,
musst in die Gesellschaft passen,
musst dich regen, – Geld bringt Segen –
und auf der Karriereleiter
immer höher, immer weiter.

Bist du oben angekommen,
meinst, der Zenit sei erklommen,
blickst stolz du auf dein Hab und Gut!
Doch plötzlich verlässt dich der Mut,
und du fragst: „War das mein Leben?
Arbeit, buckeln, treten, streben,
der Starke nimmt, der Schwache fällt? –
Na ja, so ist halt diese Welt!"

Nun suchst du nach dem tief´ren Sinn.
„Wo kam ich her, wo geh´ ich hin?
Immer war ich gut im Nehmen,
doch was habe ich gegeben?
Schuf ich auch etwas, das mir bleibt?
Eingezahlt in die Ewigkeit?"

Mensch, dann wird´s dich überraschen:
das letzte Hemd hat keine Taschen!

Leben im Überfluss

führt leicht zum Überdruss –

und aus ist`s mit Genuss!

Bei all unserem Gehetze,

Besitz anzuhäufen,

alles zu erwerben,

was uns die Medien

als unverzichtbar suggerieren

und nicht ein cooles Event

zu versäumen –

verpassen wir das Leben.

Einfach mal . . .

auf die Sonnenseite gehn,
die Schönheit in allem sehn,
das Leben genießen,
mit Harmonie süßen,
aufeinander zugehen,
einander verstehen,
Feindschaft begraben,
Neuanfang wagen,
in Frieden leben,
verzeihen, vergeben,
Freundschaft begießen,
sehen, wie Knospen sprießen,
Frohsinn entfachen,
lachen, wie Kinder lachen,
nicht nur Probleme sehn –

einfach mal...
auf die Sonnenseite gehn!

Die Zeit läuft...

Du hast keine Zeit?

Das stimmt ja.

Zeit besitzen wir nicht,

sie wird uns geschenkt.

Mit jedem Tag 24 Stunden.

Die Zeit vergeht. Das ist ihre Aufgabe.

Sie nicht verloren gehen zu lassen,

die unsrige.

Wie gehen wir eigentlich
mit unserer Zeit um?

Anstatt j e t z t zu leben,
anstatt j e t z t zufrieden zu sein,
warten wir ständig auf die
noch bessere, noch passendere Gelegenheit.

Haben wir wirklich so viel Zeit
zu verschenken?

Je länger wir auf dieser Erde leben,

desto selbstverständlicher glauben wir,

hier einen festen Platz

beanspruchen zu können,

anstatt zu realisieren,

dass mit jeder Minute, die vergeht,

dieser Platz immer knapper wird...

Dein Leben ist jetzt.

Heute und morgen.

Ob du es lebst oder nicht,

hängt von dir ab.

Versäum' es nicht.

Manche Dinge erledigen sich
wie von selbst!

Zum Beispiel:
Falten kriegen oder graue Haare,
Erinnerungslücken und das Krachen
in den Gelenken...

Oder das ganze Altern überhaupt:
du lebst arglos dein Leben,
und plötzlich hat es dich erwischt.
Viel eher, als du je gedacht.

Irgendwann begreift man,

das Kindheit und Alter

nur wenige Augenblicke trennen.

Entspringt die viel beschriebene

„Gelassenheit im Alter"

wirklich der erworbenen Lebensweisheit,

oder hat nicht vielmehr im Laufe der Jahre

die Psyche eine „l. m. a. A.*) - Schutzhülle"

um das Gehirn gewoben,

die das Älterwerden

etwas erträglicher erscheinen lässt?

*) (frei nach J. W. v. Goethe: Götz v. Berlichingen)

Die Zeit,

dieses nicht greifbare Phänomen,
das wir weder sehen, hören
noch fühlen können,
und das doch unser Leben bestimmt;

dieses faszinierende Nichts,
das nicht beeinflussbar ist,
und das doch permanent
unser Denken, Fühlen und Handeln
manipuliert;

dieses unsichtbare Monster,
das schöne Stunden verschlingt
und schmerzvolle ins Unendliche verlängert.

Die Zeit,
wir leben mit ihr,
wir kämpfen mit ihr –
und manchmal lieben wir sie sogar.

Hinter den Kulissen

Nach dem Sinn des Daseins fragt wohl jeder, der denkt.
Die Vermutungen sind sehr verschieden.
Einer glaubt, er sei hier, dass man ihn reich beschenkt,
andre sind mit Gehorsam zufrieden.

Doch der tiefere Sinn, der hinter allem liegt,
ist fürs menschliche Hirn kaum zu fassen.
Vielleicht soll'n wir's auch nicht, bis der Vorhang sich hebt.
Vielleicht sollten wir das Rätseln lassen?

Wir können nicht jedes Geheimnis verstehen.
Doch ist dies nicht g'rade das Gute?
Wüssten wir alles um Leben und Tod — wer weiß —
wie wär uns wohl dabei zumute?

Paradox

Je lauter Lärm wird,
desto mehr Geräusche
schluckt er auch.

Je leiser es wird,
desto vernehmbarer
wird die Stille.

„Wir vertreiben uns die Zeit,"

oder sogar: „wir schlagen die Zeit tot,"

sagen wir, ohne zu begreifen,

dass die Zeit am längeren Hebel sitzt.

Für Moritz

Nicht nur kurz ist das Leben,
auch unberechenbar.
Es spielt uns manchmal Streiche,
das ist längst allen klar.

Oft sind sie gar nicht lustig;
widerwärtig sind sie,
und du kannst dich nicht wehren,
zwingen dich in die Knie.

Einer versucht zu kämpfen,
der andre resigniert,
und keiner kann je ahnen,
wohin das Leben führt.

Ob jung oder alt, – egal,
was immer dich bedroht,
gewiss ist nur das eine:
es endet mit dem Tod.

Oft wäre es sinnvoller, wir würden uns
vor dem lebenden Menschen verneigen,
nicht erst vor seinem Sarg.

Wie weit ist es her
mit unserer Menschlichkeit,
wenn immer wieder Menschen
den Tod
unserer Gesellschaft
vorziehen?

Viele Menschen

sprechen zu

verstorbenen Angehörigen

oder Freunden.

Schlimm ist nur,

wenn ihnen dabei

klar wird,

was sie zu deren

Lebzeiten

hätten sagen sollen.

Erinnerungen sind das Labyrinth,

durch das die Seele irrt,

bis ihr Flügel gewachsen sind.

Die Sinnfrage

Warum?

Dennoch.

Nicht nur für sonntags...

Im Gegensatz zu manch anderen Religionen

glauben wir Christen ja alle

an den einen, gleichen Gott. –

Auf dem Weg zum Gottesdienst

fahre ich in unserer Kleinstadt

an einer evangelischen Kirche, dann

einer Freikirche, dem katholischen Gotteshaus,

dem Königreichsaal der Zeugen Jehovas und

der Neuapostolischen Kirche vorbei, bis ich bei

der Baptistengemeinde ankomme.

Einigkeit ist eben nicht der Menschen Stärke...

Viele deutsche Christen gucken,

in der Öffentlichkeit

auf ihren Glauben angesprochen,

genauso verstört wie auf die Frage

nach dem Inhalt ihres Geldbeutels.

Mann, sind wir flexibel!

Vor 40 Jahren lernten wir in der Schule Fakten,
die heute widerlegt sind.
Auch in der Medizin muss der ohnehin
geplagte Patient immer aufpassen,
welche Erkenntnisse gerade vorherrschen,
z. B. über Kaffee oder Cholesterin.

Allen voran aber geht ausgerechnet
die als so konservativ verschriene Kirche
und überholt sich noch selbst
in Sachen Fortschrittlichkeit.
Dinge wie z. B. die gleichgeschlechtliche Ehe,
die noch vor 20 Jahren einer Todsünde gleich
kamen, werden heute von der Obrigkeit
abgesegnet.

In der Wissenschaft
werden neue Erkenntnisse dokumentiert.
Vielleicht gibt auch bald die Kirche
einen Leitfaden heraus zur Orientierung,
an welche Stellen in der Bibel zu glauben
derzeit en vogue ist.

An den Vatikan

Die Päpste waren schon in Amerika,

Spanien, Polen, Deutschland, Südamerika...

Wann kommt einer von ihnen auch zu uns?

Wir freuen uns auf baldige Antwort!

die Ehe

die Armut

die Pfarrerinnen

Sakko und Hose

die Opfer

die Scheidung

die Einsicht

die Ökumene

das 21. Jahrhundert

der Frohsinn

Aufgeschnappt

Am Kirchenschiff wird
ein Banner gespannt:

„Gott ist da, wo Menschen leben."

Kommentar einiger Jugendlicher:
„Das ist doch Quatsch,
in der Kirche lebt doch keiner"...

Verordnete Weihnacht

Weihnachts – einkäufe

Weihnachts – geschenke

Weihnachts – verpackungen

Weihnachts – märkte

Weihnachts – baum

Weihnachts – kerzen

Weihnachts – sterne

Weihnachts – schmuck

Weihnachts – musik

Weihnachts – feiern

Weihnachts – basteln

Weihnachts – aufführungen

Weihnachts – kekse

Weihnachts - braten

Weihnachts – mann

Weihnachts – gäste

Weihnachts – stimmung

Weihnachts – **burn out?**

Zum Abschluss –

die Hoffnung auf einen
Neuanfang!

Melodie der ersten drei Strophen nach dem Volkslied:
Bolle reiste jüngst zu Pfingsten ...*⁾, dann nach Gefühl

I

Kardus reiste nach Italien,
Vatikanstaat war sein Ziel.
Er könnte Chef dort werden,
das sagt' ihm sein Gefühl.
Von 1000en von Menschen
umjubelt und verehrt!
ll: „Jawoll," sagte sich Kardus,
„das wär' doch nicht verkehrt!" :ll

Man kleidet ihn in Purpur,
in Seide und in Samt.
Nur das sei angemessen
in seinem neuen Stand.
Den güld'nen Ring am Finger,
die Krone auf dem Haupt –
ll: das hätt' der liebe Kardus
fast selber nicht geglaubt! :ll

Ein Leben 1. Klasse
in Prunk und Herrlichkeit!
Die Dienerschaft ist rege
und alle Sorgen weit.
„Zum Wohl dir, meine Kirche,
bin ich nun abgesandt.
ll: Das Wohl der, die mir glauben,
liegt fest in meiner Hand!" :ll

⟹

II

„Nur wenn ich manchmal abends
in meine Bibel seh',
dann tut mein altes Herz mir
schon mal ein bisschen weh.
Denn da steht 'was von Jesus
– von einem armen Mann –
ob man doch nur durch Liebe
etwas bewirken kann?

Er predigte im Freien,
musste durch Wüsten geh'n.
Doch auf jedem seiner Wege
hat er Gott selbst geseh'n.
Er lebte bei den Armen,
half Kranken aus der Not
und ging für dich und mich
– die Menschen – in den Tod.

Ich lese nichts von Purpur,
von Prunk – nur Herrlichkeit.
Doch was sie Ihm bedeutet,
davon sind wir noch weit."
Die Kirche re-novieren,
zurück auf Gottes Wort,
und Jesus nachzufolgen,
allein das täte Not.

*)Lt. Mundorgel: Worte u. Weise mdl. überliefert

Zu guter Letzt . . .

Ein englischer Rasen

ist Manchem wichtiger

als ein sauberes Unterhemd.

Allein mit meinen Gedanken

und einer Zeitung in einem Café sitzend,

aufgrund der Überschriften den Tsunami,

den Irak - Krieg und andere Widrigkeiten

des Lebens anhand meiner Kenntnisse

der Philosophie und Religionen reflektierend,

in der Hoffnung doch menschlich

Unbegreifliches zu verstehen

und der Sinnfrage noch

ein Fünkchen Sinn zuzugestehen,

stoße ich beim Blättern auf den Satz von

Franz Kafka: Alles Wissen, die Gesamtheit

aller Fragen und Antworten,

sind im Hund enthalten.

Wenn ich **DAS** nur früher gewusst hätte!

Nur der Mensch kann sprechen,

doch inzwischen steht fest, dass auch alle Tiere

auf ihre Weise untereinander kommunizieren.

Sie sabbeln nur nicht so viel

unnützes Zeug daher wie wir.

Kleene Philosophie

Ick fraje mir imma,
wieso denn manche jelehrte Köppe
uffjeschrieben werden for de Nachwelt.
Det sin doch ooch nur Menschen
wie du un icke.
Det muss wohl an de vadrehte Sprache von dene liejen,
det klingt wohl jescheiter.
Na jut, denn saje ick jetz ma so:

Die Welt, in der ich lebe, ist nichts als
ein Gespinst meiner Wahrnehmungen.
Daher ist jede Erkenntnis, die ich zu besitzen glaube,
nur ein Bruchstein aus dem Mosaik unserer Empfindungen,
das im Ganzen unsere Welt gebiert.

Det is doch jetz knorke, wa?

„ SEIN ODER NICHT SEIN",

DACHTE SICH DIE ERBSE

UND KULLERTE

VON DER GABEL ...

An Stelle eines Nachwortes

Vielleicht sollten wir versuchen,

es so zu sehen:

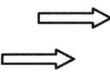

Corona – alternativlos ?

Lange haben wir nun mit Corona gelebt.
Was hat das mit uns gemacht?
Selten so wenig gelacht.
Selten so viel nachgedacht.
Vielleicht hat es uns doch was gebracht?

Früher hab'n wir gern über den Wolken geschwebt.
Urplötzlich kam der tiefe Fall.
Die ganze Welt durchlief der Schall,
die Ohren dröhnen noch vom Hall.
Ein harter Einschnitt überall.

Selten hab'n wir uns auf so dünnem Eis bewegt.
Die einen haben immens viel zu tun,
andere ungewollt Zeit, auszuruhn.
Alles steht Kopf, man wird schon ganz dun.
Und immer die Frage: was wird denn nun?

Vielleicht sollten wir manches anders sehn.
Nicht immer die gewohnten Wege gehn.
Nicht immerzu nach Höherem streben.
Die kleinen Dinge schätzen – bewusster leben!

Nicht immer rasen, hetzen, eilen,
Zeit finden, auch mal zu verweilen
ohne sich in 1000 Stücke zu teilen,
im Kopf stets: beeilen, beeilen, beeilen...

Zeit nutzen, in die Natur zu gehn,
ihre Schönheit mit offenen Augen sehn
und dadurch auch ihre Not zu verstehn.
Nur, was wir schützen, bleibt bestehn.

Zeit nehmen für viele schöne Dinge,
als ob alles von Neuem anfinge!
Und daran glauben, dass es gelänge,
lockten uns nicht mehr des Goldes Klänge.

Zeit bliebe uns für mehr Menschlichkeit,
zum Mitfühlen in Freud und Leid,
für love and peace – endlich weltweit?!
Dann wär`s sogar unsre beste Zeit!